ALESSANDRA PROFETI

VERITÀ 360

Come Entrare In Contatto Con La Propria Verità Più Profonda e Offrire Un Reale Contributo Al Mondo

Titolo

"VERITÀ 360"

Autore

Alessandra Profeti

Editore

Bruno Editore

Sito internet

http://www.brunoeditore.it

Sommario

Possiamo entrare nel nostro universo

con passo felpato

per attraversare confini

e varcare soglie lontane,

ma il nostro immaginario

sarà solo un frammento di specchio

di immensa bellezza.

Introduzione

Fin dalla notte dei tempi, gli esseri umani di ogni epoca sono stati ispirati dalla ricerca della Verità, perché, la Verità, è ciò che consente di mettere un punto fermo nello scorrere delle giornate, perché la Verità permette di sentirci a posto, a nostro agio. Troppe domande, da sempre, hanno affollato l'animo umano, come ad esempio:

Perché siamo qua?
Che senso ha la nostra esistenza?
Come è più corretto vivere?
Cosa lasciare ai posteri del mio percorso sulla Terra?

Queste ed altre domande di tipo esistenziale hanno riempito libri di filosofia e di psicologia, perché, questi quesiti sono così prioritari da determinare gioia o malumore e non sapervi rispondere è fonte di grande malessere.

Molte poesie di grandi artisti hanno invaso i libri di tutti i tempi alla ricerca di queste risposte, ma come mai questo anelito ci scuote da sempre?

Come mai vorremmo trovare questo tesoro per tenerlo stretto e non sentirci mai lontani dalla Verità?

Tutto questo ha una prima risposta nell'esatta natura umana. Noi non siamo semplicemente materia, noi siamo energia per gran parte del nostro essere e la nostra energia, che qualcuno chiama anima o spirito, si muove in noi ed entra in risonanza con quanto ci circonda.

Perché proviamo un benessere sconfinato di fronte al mare?

Perché ci riempiamo di gioia durante una passeggiata in un bosco dove si odono solo i canti degli uccellini?

Perché quando siamo a contatto con la natura la nostra energia vibra ad un livello molto più alto e riconosciamo di provare in quel momento gioia e gratitudine.

La Verità è prima di tutto energia e questa la possiamo alzare e abbassare a seconda, non solo dei pensieri e delle emozioni che ci attraversano, ma anche delle scelte che compiamo, delle azioni che ripetiamo e che caratterizzano ogni momento. Prendiamo perciò atto, prima di tutto, di come stiamo e teniamo presente l'interezza del nostro essere… Niente va sottovalutato…

È necessario fare un check- up di tutto e poi… possiamo partire per la nostra ricerca. Sicuramente alla fine di questo viaggio l'avremo identificata e tutto sarà chiaro e splendente come la luce del sole a mezzogiorno.
Buona lettura e straordinaria avventura per tutti!

Nello specchio del mio corpo

incontro il bisogno del mio cuore,

il palpitare vivo del mio respiro,

sento onde d'amore che mi avvolgono

senza fine.

Capitolo 1:
Come entrare in contatto con la propria Verità Corpo

Una difficoltà attuale dell'essere umano è riuscire a sentire il proprio corpo perché spesso si ha la tendenza a sentirlo scollegato dalla mente, come se fosse semplicemente uno strumento, un mezzo per viaggiare nel mondo, un qualcosa di cui tener conto solo in termini di fame, impulsi, esigenze fisiche. Il corpo non è disconnesso dalla mente e dall'anima o psiche, comunque desideriate chiamarla.

La nostra parte corporea è lo specchio esatto della parte psicologica e la parte psicologica è in continua comunicazione con la parte fisica, perciò, non solo non c'è alcuna divisione, ma è sempre un continuo interfacciarsi, un continuo dialogo e se una non viene ascoltata, l'altra entra in disagio, si ammala e cerca di far arrivare il messaggio alla persona.

Perché è così complesso accettare che siamo un intero e che non possiamo amare una sola parte di noi?

Secoli di storia e mentalità errate hanno prodotto tutto questo e anche le persone più moderne vivono spesso in questo retaggio, in questo condizionamento profondo e difficile da annullare.

Cosa fare, dunque, per divenire davvero esseri liberi?

Le persone, spesso, si mettono alla ricerca di ciò che dona loro sollievo, pace, serenità e ciò che trovano sono ad esempio la danza, l'arte, la meditazione, lo sport. Tutto ciò ha a che fare con l'ascolto del proprio mondo interno, del proprio respiro, del proprio cuore. L'espressione delle proprie capacità artistiche è qualcosa di insito nell'uomo, basti pensare ai primi disegni nelle caverne preistoriche o ai primi scarabocchi dei bambini piccoli.

Cosa ci impedisce di continuare con questo ascolto, con l'espressione più genuina delle nostre abilità?

Sicuramente è il giudizio, l'analisi dettagliata dei nostri comportamenti, la paura di non essere accettati e accolti nella comunità di riferimento. Tutti limiti che noi stessi scegliamo e che bloccano la nostra manifestazione. La paura più grande è la solitudine, il venir isolati e allontanati dagli altri e per questo cerchiamo di apparire diversi, più amabili, più saggi, più intelligenti.

Questo produce però, molto spesso, una conseguenza molto grave che è l'allontanamento dal nostro nucleo più profondo. Possiamo invece invertire la rotta, possiamo fare scelte di maggiore consapevolezza. Possiamo scegliere di avere il coraggio di essere noi stessi. Questo è prioritario su tutto e poi basta davvero fermarsi ad ascoltarci.

Come fare?

Basta che…

Mentre camminiamo, si senta il peso del corpo che si sposta, l'appoggio dei piedi sul terreno… si percepiscano gli odori dell'ambiente, la qualità dell'aria che respiriamo… si sia presenti al cuore che batte all'unisono col nostro correre… si notino i colori del cielo e degli elementi che ci circondano… gli sguardi delle persone che incontriamo. Tutto il nostro muoverci freneticamente ci porta a saltare da un ostacolo all'altro senza assaporare, senza gustare nulla. Le nostre percezioni diventano frammentarie, come un solo fotogramma di un intero film…

Cosa arriva allora al nostro cervello?

Una realtà frammentata, un corpo frammentato, un mondo frammentato e questo ci dà ansia e preoccupazione perché ci pone in un continuo stato d'allerta, come quando i primi ominidi dovevano difendersi dalla tigre dai denti a sciabola. Inneschiamo un meccanismo di continua difesa, attacco e fuga e questo danneggia l'intero sistema corpo e non ci fa vivere in pienezza.

Il corpo ha bisogno di presenza, ha bisogno del nostro ascolto, del tempo per curarlo che significa anche coccolarlo, massaggiarlo, abbellirlo… Non fare la doccia alla velocità della luce, senza sentire neppure se la temperatura dell'acqua è idonea, ma dedicarsi ad essa con l'intento di ricevere un massaggio dolce sulla pelle, come se l'acqua stesse penetrando in noi per lavare e purificare ogni cellula e portare via pensieri, rabbia e preoccupazioni…

Il corpo ha bisogno di movimento consapevole per sentire la scioltezza, la fluidità del gesto, l'armonia del proprio muoversi nel mondo. Ha bisogno di quella sensibilità propriocettiva che consente di stare bene, di sentirsi vivi. Non si può apprezzare la vita solo nella stasi, noi siamo esseri in costante movimento, il sangue scorre sempre, il respiro si alterna, il cuore batte e modifica costantemente la sua variabilità… tutto questo è vita e, non essendo semplici pupazzi, abbiamo bisogno di sentirci vivi nel movimento e, se il movimento è in armonia con il mondo, è molto meglio.

Muoversi in armonia con il mondo significa che qualunque movimento facciamo, siamo presenti ad esso e non persi nella nostra mente, nell'assorbimento dei pensieri convulsi che la affollano, dandoci la sensazione di soffocamento o annegamento. Per fermare la mente, basta portare il focus sul respiro o sul cuore o su un'altra parte del corpo, come insegnano tutte le tecniche di rilassamento in una sequenza graduale: mani, braccia, spalle, busto, addome, bacino, cosce, gambe, piedi, testa, parte posteriore del corpo e il corpo per intero.

Questa sequenza la possiamo interiorizzare e ogni tanto ripeterla, anche nei momenti di veglia e di lavoro, per non staccarci mai dal nostro corpo.

Il corpo ha bisogno di danzare perché l'armonia data dalla musica, dal ritmo, dalle melodie ha da sempre questo segreto interno che è il racconto del cuore, del proprio passato, delle aspirazioni e dei sogni che da sempre ogni popolo si tramanda. La musica è vibrazione e il corpo ha bisogno di questa vibrazione perché siamo una cassa di risonanza, perché la nostra acqua ha bisogno di rinnovarsi e ricaricarsi continuamente di energia pura, nuova e sempre diversa.

Il nostro corpo rinnova costantemente le cellule e nel suo continuo modificarsi, ritrova nuovo sprint nel cambiamento. La mente non vorrebbe mai cambiare nulla, vorrebbe uno status quo costante e immutabile, invece il corpo con la sua energia è fatto di mutazioni continue che vanno in accordo totale con il cambiamento del clima, delle stagioni, dell'alternanza giorno – notte.

Cosa ci serve veramente?
Accettare il cambiamento come grande costante essenziale alla vita.

Accettare di aver bisogno di portare modifiche ad ogni giornata. Arricchire ogni giornata di movimento consapevole. Vedere la bellezza che è dentro e intorno a noi ogni giorno con tutti i nostri sensi che divengono sempre più abili a cogliere i dettagli, se ci permettiamo di ascoltarli consapevolmente. Ora vi propongo un gioco che forse vi ricorderà la vostra infanzia, ma non è un gioco per bambini, anche se i bambini lo saprebbero fare benissimo.

Trovate uno spazio abbastanza largo per potervi muovere e chiudete gli occhi. Siete in piedi, sentite bene l'appoggio a terra, lo spazio interno a voi e lo spazio esterno a voi... sentite tutto ciò che vi giunge come odore, suono, sensazione tattile su tutta la superficie del corpo... quando vi sembra di essere davvero coscienti di tutto, e al vostro cervello sono arrivate tutte le informazioni, la mente si può placare: non ha più ansie perché può sentirsi al sicuro e tranquilla.

Adesso ascoltate semplicemente il cuore e il respiro... iniziate a respirare in modo lento e profondo e, mentre lo fate con tutta la vostra pelle, con tutto il vostro corpo, con ogni singolo organo, percepite la vostra interezza e benedite ogni cellula, ogni parte di voi stessi… piano piano sentite quel moto interno che parte da sotto i piedi e dalle braccia e iniziate a muovervi come vi viene, con gli occhi chiusi… muovetevi seguendo quella musica che da sempre è dentro di voi, che conosce la spinta che proviene dalla sicurezza data dalla Terra e quella voglia di esplorare e conoscere, data dallo spazio immenso del Cielo.

Vi state muovendo in accordo all'Universo intero… siete parte integrante del mondo. Questo movimento è da sempre presente nel vostro DNA e, se lo tirerete fuori, esplorerete e conoscerete, vi farà sentire la piena connessione e appartenenza al mondo. Starete bene, come mai prima di ora.

Ogni giorno trovate questi cinque minuti di totale connessione con voi stessi e il mondo, per riconciliarvi e divenire consapevoli della vostra unica bellezza che è la stessa delle stelle, dei fiori, degli alberi, delle nuvole, degli animali.
Noi connessi… autentici… al sicuro… veri.

Il mio mondo interno è meraviglioso arcobaleno.

Ha tutti i colori possibili,

mille sfumature di tonalità

che scoppiettano dentro,

nello scorrere fluido della mia energia vitale.

Molto spesso si ha paura di svelare il proprio vissuto, di rivelare le emozioni e i sentimenti per il timore di sembrare troppo sdolcinati, eccessivi, romantici, deboli... il problema, in realtà, è proprio l'inverso: è che se non si tiene conto del proprio mondo interno questo ci predomina e altera il nostro stato d'animo, in modo talvolta bizzarro e talaltro poco gestibile.

È indispensabile riuscire ad imparare i nomi delle nostre emozioni, fermarsi a definire lo stato d'animo, comprendere le motivazioni che stanno dietro i pensieri. È essenziale riconoscere la paura di non essere accettati dagli altri, il timore di venire allontanati dal gruppo o dalla famiglia, o il terrore di non essere all'altezza delle situazioni perché ci sentiamo inferiori a chi ha avuto maggiore successo di noi.

Riconosciamo la paura di sentirsi diversi fisicamente per la pancia, o per i glutei, perché troppo magri o troppo grassi. Il naso storto diventa elemento di disagio, la bocca grande diventa oggetto di ribrezzo e tutto questo porta ad allontanarci dalle nostre emozioni, dai sentimenti che proviamo nei confronti di noi stessi. Molto spesso questo si traduce in una propensione scatenata a vedere il bicchiere mezzo vuoto, ad essere giudici e critici sprezzanti, sempre pronti al lamento e con continui dubbi sulla vita, sul mondo, sulle scelte da operare…

Tutto questo sparirebbe come per incantesimo, se iniziassimo davvero ad amarci, ad accoglierci nella nostra interezza, al di là delle gambe magre, del lavoro scarso, dell'automobile modesta. Tutto il nostro disagio si potrebbe riassumere nella parola "confronto" perché ci paragoniamo all'altro, vedendolo non come un simile con gli stessi bisogni di amicizia, di cibo, di appartenenza, ma come uno che ha di più o di meno di noi. Questo disagio è una tendenza dell'ego che ha timore di essere meno di, di avere meno di… La paura per la sopravvivenza fa muovere l'ego in questo senso e il suo compito è quello di tutelarci, di proteggerci, di tenerci al calduccio di fronte ad ogni intemperie della vita.

Il punto, però, è che l'ego è solo una parte di noi, una parte importante che non va negata, bensì ascoltata e placata. Quando dentro di noi sentiamo prevalere il turbinio della paura, è la voce dell'ego che ci tiranneggia, come un dominatore che non vuol sentire ragioni. Con calma, tuttavia, possiamo ridimensionarlo e vedere come sia molto più forte la voce dell'amore.

Noi siamo come dei vasi ricolmi di tutto l'amore che riceviamo e di quello che doniamo e questo amore trova forme molteplici, nella premura, nella gentilezza, nella tenerezza, nell'affetto verso noi stessi e verso gli altri. Noi stiamo bene davvero quando esprimiamo a pieno l'amore, ma è necessario che il primo oggetto del nostro amore siamo proprio noi. E questo non è egoismo, è semplicemente rispetto della nostra persona, è quello di cui ogni essere umano ha bisogno per sopravvivere, per godere della vita, per entrare in contatto profondo con sé stesso.

Di fronte a qualunque evento della vita, possiamo scegliere se rispondere con la paura o con l'amore e da qui nasceranno scelte totalmente diverse, scelte che ci avvicineranno a noi stessi e agli altri e scelte che ci renderanno rancorosi, dubbiosi, ipercritici… Il coraggio vero è quello che nasce dall'accogliere l'amore come sentimento fondamentale.

Non è una questione di romanticismo melenso, quello raccontato da riviste di poco conto, ma la capacità di compiere questa totale accettazione di noi stessi che determina la capacità di vedere l'altro esattamente come il nostro specchio. Noi siamo gli specchi degli altri perché in realtà le differenze non esistono, abbiamo tutti gli stessi desideri, gli stessi bisogni, gli stessi sogni. La nostra piena realizzazione nasce dall'accogliere la nostra luce e farla emergere in tutta la sua brillantezza.

Come fare a incontrare la luce?
È semplice perché basta ascoltarsi davvero…
Dedicatevi ad un momento di relax, lontano dalla televisione ed altri agenti di disturbo e chiudete gli occhi...

Respirate profondamente in modo lento… fate entrare dentro di voi luce e energia… espirate lentamente, portando via tensioni e preoccupazioni… e, mentre la mente si libera dall'eccesso di pensieri, sentite la luce che è entrata insieme al respiro invadere lentamente tutto il vostro corpo… siete un corpo di luce… la luce inonda ogni vostra cellula… la luce più forte è quella che proviene dal cuore dove tutto si espande, si diffonde: siete il sole… una stella brillante e splendente… in questo silenzio interiore, sentite solo amore… pace… armonia… bellezza. Il vostro essere è completo: potete dare spazio all'amore pieno verso la vostra interezza.

Se riuscirete a fare questa potente esperienza di crescita e consapevolezza, potrete accogliere il vostro sentire. Questo vi porterà a ridimensionare la paura, alleggerire l'ansia ed allontanare la preoccupazione, portandovi a diventare sempre più gioiosi. Tutto ciò non significa negare la realtà dei problemi, dimenticarsi delle problematicità del mondo, ignorando quanto dovrebbe davvero sparire in termini di violenza, di inquinamento... ma se saprete stare nella luce, accettare la luce, amare la luce... riuscirete a vederla anche nel vostro vicino e sentirete il bisognoso di scoprire la sua luce, perché è un essere simile a voi che fatica nella vita solo perché il suo ego è dominante, solo perché è invaso dalla sofferenza psichica che lo offusca, facendolo brancolare nel buio.

Se osservate bene un neonato potete cogliere come il suo corpo sia vivo e ricolmo di energia. C'è purezza e questo perché è luce, è ancora un brillante immacolato che non è stato turbato dalla mente, dai pensieri che lo hanno depotenziato, dalle credenze false su sé stesso che hanno annullato o ridotto la sua bellezza. Questo è ciò che accade a tutti e non è colpa dei genitori, della società, della politica, della chiesa... non è colpa di nessuno.

La nostra società, purtroppo, si è evoluta puntando sulla ricchezza intesa come accumulo di patrimoni e beni materiali. È prevalsa costantemente la paura di non riuscire a farcela, la paura che potrebbe sempre mancarci qualcosa. Così, abbiamo sviluppato ancora di più le doti per razionalizzare, classificare, fare costanti ragionamenti per tutelarci, per proteggerci… Questo ha fatto sì che l'emisfero predominante sia il sinistro, quello più analitico, che ama il dettaglio, che ci porta a cogliere gli elementi di ogni situazione singolarmente.

Abbiamo messo in secondo piano, e talvolta totalmente a tacere, l'emisfero destro, quello che ha la visione d'insieme, che prende in considerazione la totalità dell'essere che siamo, che ama l'arte, la poesia, la musica e vorrebbe cibarsi di ciò che produciamo in termini di bellezza e di ascolto profondo della nostra voce interiore. L'equilibrio perfetto è quando questi due emisferi così preziosi lavorano insieme e in perfetta armonia.

Come fare? Cosa fare?
Non è facile, ma sicuramente possiamo sempre chiederci cosa ci porti a compiere la scelta che stiamo prendendo in quel preciso momento, se dietro a questa, notiamo paura, preoccupazione o sofferenza, il pericolo è che potremmo non essere perfettamente

lucidi perché offuscati dall'eccesso di ansia. Possiamo allora fermarci un attimo a riflettere e valutare pro e contro, senza andare d'impulso… Per mantenere l'equilibrio tra i due emisferi, è determinante curare nella vita spazi di espressione per ambedue.

Se facciamo un lavoro molto tecnico, di ufficio, con grande uso dell'emisfero sinistro, occorre trovare delle attività, nel nostro tempo libero, per dare parola ed espressione all'emisfero destro, come ad esempio dipingere, ballare, curare il nostro giardino, provare mille ricette creative, fare bricolage ecc. Questo non va fatto semplicemente perché sono attività rilassanti e piacevoli, ma per la nostra salute mentale, per mantenere un equilibrio tra i nostri emisferi e non sovraccaricare sempre l'uno a discapito dell'altro.

Il problema si verifica anche se siamo sempre in fase creativa e passiamo da un'attività all'altra senza fermarci mai a riflettere, a pianificare, a valutare cosa abbiamo imparato, cosa si potrebbe modulare diversamente e cosa ci porta maggiore beneficio. Anche in questo caso rischiamo di perderci, di non essere sufficientemente centrati. Ogni tanto, perciò, serve fare un'analisi accurata e mettere tutto sulla bilancia, per operare scelte più idonee e più opportune per noi, per la nostra crescita e per il benessere totale della nostra persona.

Tutto questo non è sempre semplice, per renderlo possibile vi propongo un qualcosa che potrebbe incontrare alcune resistenze e perplessità, ma vi chiedo di fidarvi perché quanto sto per dirvi è frutto non solo di studi e ricerche, ma anche di esperienza personale, per cui ne conosco in modo diretto i benefici. Vi chiedo di dedicare un momento alla fine della giornata per ripensarla e, scorrendola velocemente, trovare almeno cinque cose di cui essere grati e scrivere sul vostro quaderno almeno cinque "grazie".

Questo esercizio sulla gratitudine alzerà il vostro livello di energia e di benessere perché porterà il focus sulle cose belle della vita. Non occorre individuare cose straordinarie: si può ringraziare per il caffè bevuto al mattino, per il sorriso di quella persona incontrata casualmente, per la telefonata di un amico… Abituarsi a cogliere elementi positivi, permette di allenare la nostra attenzione e far sì che la nostra vita sia sempre più gioiosa.

Quello che vi propongo poi è, ogni tanto, di riprendere in mano il vostro diario e scriverci liberamente, raccontando quello che in quel periodo vi ha colpito, qualche riflessione, qualche pensiero… Il diario è utile perché, nel momento in cui raccontiamo per iscritto, riusciamo a definire meglio il nostro stato d'animo, descrivendo più dettagliatamente gli eventi piacevoli o meno, riusciamo a rielaborarli, a trasformare il vissuto e soprattutto ad essere più centrati.

Infine, vi suggerisco di dare spazio alla poesia… sì, molto spesso abbiamo dei preconcetti verso la poesia perché i nostri ricordi legati alla scuola non sono sempre piacevoli, ma quanto vi sto proponendo, non è una poesia con rime, con parole ricercate, con metafore e similitudini di grande levatura. Vi sto proponendo di scrivere poesie semplici e sintetiche come quella degli haiku dove poche parole descrivono una situazione; poche parole per esprimere il nostro infinito mondo interno che è pregiato e luminoso come un diamante vivo con le sue mille sfaccettature, ma che teniamo a lungo nel buio della coscienza.

Vi chiedo pertanto di tirar fuori il vostro diamante senza alcuna paura, non c'è alcuna possibilità di sbagliare, non ci saranno verifiche o voti o esami da superare. Provate semplicemente a porre l'attenzione su qualche elemento che sia un colore, un profumo, un movimento, una sensazione tattile, un'emozione e metteteli per iscritto… questo darà valore alla vostra bellezza, regalandole, finalmente, lo spazio che merita.

Le poesie che scriverete saranno vostre, non occorre condividerle, non occorre mostrarle a nessuno. Raccontano del vostro vissuto e servono a porre attenzione su ciò che di meraviglioso e semplice ha riempito le vostre giornate, per riconoscere quel sale che ha insaporito il giorno. Riporto alcuni esempi semplici che vi daranno sicuramente un'idea di ciò che è il sentire che li ha determinati e allo stesso tempo vi chiarirà come procedere.

Un raggio di sole.
Mille pensieri.
Una sola testa.

Il profumo dolce delle rose.

Il passo profondo sul terreno grigio.

Il cuore vicino al cielo.

Un tremore interno.

Non so più nulla.

Il respiro mi placa.

Tanti colori che si mescolano.

Sorrisi soddisfatti.

Movimenti del cuore che finalmente si esprime.

Stella vicina.

Paura lontana.

Mescolarsi e rimescolarsi nel letto.

Voci di bimbi.

Arcobaleni colorati da tutte le parti.

Cuori sempre insieme.

Macchie di colore e luce…

Sostanza dell'anima.

Volume del pensiero.

Bellezza senza parola.

Solo gioia vera.

Capitolo 2:
Come esplorare la propria vibrazione naturale

Gli esseri umani sono come antenne: sempre pronti a cogliere le vibrazioni dal mondo esterno e, essendo così in risonanza, sono suscettibili a modificare il loro stato d'animo a seconda del tempo, a seconda della giornata luminosa o nebbiosa, a seconda dei colori che colgono intorno a loro. Questo perché li percepiscono non solo con la vista, ma con l'interezza del loro essere e ogni colore ha una risonanza emotiva ben differente.

Gli uomini, infatti, hanno diviso i colori in caldi o freddi e questo non solo per classificarli, ma anche perché, nel disegnare e dipingere, gli artisti di tutti i tempi si sono resi conto di quanto lo stesso paesaggio ottenesse effetti ben diversi a seconda di quali tonalità fossero usate e in accordo a quanto vissuto.

E allora il rosso in alcuni momenti può provocare paura e in altri energia e spinta all'azione. Il giallo può essere vissuto come luce brillante, ma, allo stesso tempo, può rendere apatici e dar addirittura fastidio a chi è depresso e giù di umore. Il verde può essere rilassante se si attraversa un bel bosco profumato di muschio e aria fresca, ma potrebbe non suscitarci alcun effetto se presi da un turbinio di ansia. Questo rivela molto, non tanto della qualità del colore stesso che è neutra e non intenzionale, ma in merito a quello che risuona dentro l'animo di chi lo legge in quel preciso momento.

Allora perché non fare il contrario?

Perché non fare un bagno nel colore per far emergere i fantasmi interiori?

Perché non utilizzare il colore che si sente in accordo totale con noi per vivere meglio ed equilibrare il nostro stato d'animo?

Il colore può essere accolto con grande gioia quando sentiamo che ci rappresenta, un esempio è il modo in cui condiziona la scelta del nostro abbigliamento, ma questo non potrebbe bastare.

Vi propongo, pertanto, di andare a cercare immagini con un colore dominante, osservarle attentamente, cercare di cogliere ogni dettaglio e fare una visualizzazione ad occhi chiusi, simile a quanto segue:

Immaginate che questo colore brillante e luminoso scenda lentamente nel vostro corpo… immaginate di respirarlo piano, piano… diventate questo colore dalla testa ai piedi e lo sentite… lo sentite penetrare dentro ogni cellula… sentite com'è… quali sono le sue qualità... È fresco? È denso? È allegro? Cosa vi sta donando? Quali emozioni e quali sensazioni suscita in voi?

Ogni colore dell'arcobaleno ha un senso molto preciso e ogni giorno può esserne scelto per sperimentare questo vissuto in termini soprattutto di sensazioni ed emozioni e per individuare quali pensieri suscita, quali parti del corpo va a sanare, quali hanno più bisogno di quel preciso colore perché la vibrazione cromatica rende un servizio di salute energetica, stimola e porta benessere.

Ogni parte del corpo ha necessità di un colore in particolare e questo va individuato personalmente. Molti manuali di cromoterapia indicano il blu per la gola o il rosso per il petto. Ma è necessario fare una ricerca personalizzata perché il colore risuona esattamente con la nostra anima e non possiamo proporne uno perché consigliato da altri perché potrebbe non funzionare affatto e non essere benefico, come invece lo sarebbe se utilizzato in modo corretto.

Potrete identificare il colore di cui avete bisogno. Vi potrà sorprendere scoprire che nel tempo la necessità varia e che il colore di cui avrete bisogno in futuro potrà essere molto differente dal primo o, anche restare lo stesso, ma cambiare nell'intensità. Questa ricerca dovrà essere portata avanti per tutti e sette i colori dell'arcobaleno così alla fine potrete immergervi completamente in esso. L'arcobaleno attraverserà totalmente il vostro corpo in ogni organo… in ogni osso… ogni cellula del corpo diventerà arcobaleno…

Questo vi porterà a sentire più forte il vostro essere luce e a vivere la serenità e la completezza del vostro essere unico e speciale. Se l'arcobaleno entra a far parte della vostra vita, capirete perché è stato scelto come segno di pace e tranquillità da tutti i popoli della terra: è stato scelto proprio perché, nella sua varietà, nelle differenze di vibrazioni cromatiche, riesce a placare ogni sensazione di paura, di rabbia o preoccupazione. Accoglierlo vi consentirà di vivere in perfetta armonia e di superare le burrasche della vita con uno spirito differente.

Sentirsi arcobaleno accelera la propria resilienza, consente di affrontare gli ostacoli con una nuova carica, una nuova voglia di andare avanti. Non si può indietreggiare, c'è solo da stare nel qui e ora e accogliere la vita nelle sue sfumature più differenti perché dentro di noi ci sono tutte e sappiamo che questo ci consente di accettarle, di amarle e di andare oltre.

Vi invito pertanto a provare e, quando vivrete un colore alla volta, riuscirete a capire anche perché gli artisti hanno espresso quella certa opera in quel modo e che avrebbe avuto tutto altro impatto con altri colori. Disegnate il vostro vissuto e accogliete quel disegno senza confrontarlo con le opere dei grandi artisti, ma come testimonianza del vostro sentire, a cui date la possibilità di divenire ricordo e di esprimersi in parole.

Se lo permettete, quel colore vi racconta qualcosa di molto prezioso del vostro mondo interno… ascoltate il suo messaggio… individuate le sensazioni e i sentimenti che vi ha fatto provare…

quale parte del corpo ne aveva particolarmente bisogno e perché…
Guardando il disegno, non giudicatelo né date valutazioni di alcun
tipo… osservatelo e sentite quale parola o frase vi suggerisce…
Questo è un dono ed è prezioso perché vi siete permessi di ascoltare
la vostra verità più profonda che è nelle vibrazioni del colore,
specchio totale del Sé. Adesso trascrivo una possibile procedura
perché sia come esempio che potrete modificare, seguendo il vostro
sentire:

Sedetevi comodi con i piedi a terra, la schiena dritta ben appoggiata
e rilassata, respirate in modo profondo e lento… immaginate un bel
verde smeraldo brillante che lentamente, insieme all'aria che
respirate, sta entrando dentro di voi… occupa tutta la testa…
scende lentamente sulle spalle e poi sempre più in basso, dal petto
fino alle gambe… ai piedi… siete completamente verde
smeraldo… un colore vivo e luminoso… Sentite le parti del corpo
che hanno molto bisogno di questo colore e in quei punti lo
intensificate… sentite le sensazioni che vi sta donando… le
emozioni che vi fa provare…

Accogliete tutto questo e vi mettete in ascolto… chiedete a questo colore cosa vi sta dicendo… qual è il messaggio per voi in questo momento… lo ascoltate… lo ringraziate… fissate nella memoria del vostro corpo tutto questo… Respirate profondamente per rilassarvi ancora di più e per fissare questo vissuto in ogni cellula del corpo perché questo meraviglioso dono possa rimanere dentro di voi per sempre… "io sono verde smeraldo"; lo ripetete alcune volte per dare ancora più luce e forza … lo sentite nella verità del vostro essere…

Quando riaprite gli occhi, vi sentite ancora ricchi di questo magnifico colore in ogni parte e siete pronti per disegnarlo direttamente con il colore, sia matita o cera o pennarello. Quando avete concluso il disegno, lo osservate attentamente da tutti i lati, girando il foglio, lo completate se vi sembra da finire.

Chiudete gli occhi, lo visualizzate con la mente e sentite le parole che sorgono spontanee… forse una sola parola potrebbe bastare… forse il colore vuole inviarvi un messaggio… forse il colore vuole ricordarvi qualcosa di importante… mantenete l'apertura del cuore e accogliete…

Il verde conosce la vostra verità perché vibra in voi e sa anche ciò che vorreste nascondere o ciò da cui vorreste fuggire… la verità ha bisogno di essere ascoltata: accogliete il suo messaggio senza resistenze, scrivetelo dietro il disegno o nel vostro diario, così potrete tornare a rileggerlo e potrete ripetere tutta l'esperienza se sentirete che non è stato completato il lavoro, prima di passare ad un altro colore.

Riporto alcune riflessioni scritte in seguito a questa esperienza, ma ricordate che è solo un esempio perché ognuno deve tener fede al suo sentire che è assolutamente unico e originale, anche se cento persone lo provassero in contemporanea. Ognuno di noi è come un'unica opera d'arte non copiabile e non imitabile. Ognuno ha la ricchezza profonda e ineguagliabile della sua unicità.

29 / 3 / 2020

Ho immaginato all'inizio una grande foglia verde chiaro, poi il verde scuro degli abeti di un bosco e infine il verde dell'acqua del mare… ho sentito nel corpo il flusso del verde acqua e verde scuro brillante in tutto il corpo… voleva scorrere ovunque… bagnare l'intero corpo con impeto e passione… voleva insegnarmi la bellezza del fluire.

Poi ho disegnato una linea che percorreva il foglio liberamente e in questa linea ondeggiante… ho visto mani che si aprivano nello spazio… piccole foglie che si lasciavano andare al corso del vento… la pace che si diffondeva nell'aria …

La mia forza è nell'intensità del profumo,
la mia fragilità ha la delicatezza dei petali,
ma il mio colore bacia la Vita
e brilla nel sole.

Molti disagi nascono dal non ascoltare, dal non prestare attenzione a ciò che è davvero la nostra naturalità, a quanto ci soddisfa, a quanto ci rende veramente felici. Molto spesso siamo in fuga dal mondo interno e troppo protesi verso quello che gli altri pensano e dicono, proprio per non apparire diversi, strani e fuori moda, ma così facendo, spesso tradiamo la nostra vera natura. Neghiamo parti di noi che invece urlano dentro, attraverso sintomi, disagi fisici, sogni ricorrenti, o addirittura attraverso vere e proprie patologie come attacchi di panico, fobie, comportamenti compulsivi…

Tutto questo viene spiegato dalla scienza come ansia, depressione e, talvolta, disturbo psichico o del comportamento, ma, all'origine, ci sono vari fattori scatenanti a partire da una base biologica che va a predisporre con più facilità tali disturbi o disfunzioni, ed una cultura familiare e sociale che fa sì che tutto si evolva in quel modo.

I fattori biologici sono sempre avvallati da quelli familiari e sociali. Senza attribuire nessuna colpa ai genitori, che fanno sempre e comunque del loro meglio, il problema è molto spesso legato alla nostra eccessiva dipendenza dal volersi sentire parte integrante del gruppo, dalla scarsa accettazione di noi stessi, con i nostri talenti e i nostri limiti, dalla cultura che ci vuole vedere per forza tutti supereroi.

Noi non siamo supereroi: siamo creature umane con punti di forza e punti di debolezza e, quello di cui abbiamo bisogno, è l'accettazione di noi stessi al 100%. Solo questo consente di sentirci a posto, di sentirci perfettamente imperfetti e proprio per questo completi, resilienti, coraggiosi, capaci di affrontare qualunque battaglia della vita.

La nostra natura è lì davanti a noi e ci mette sul piatto della bilancia pro e contro: ciò che ci piace di noi e ciò che non amiamo, i nostri desideri e bisogni più profondi, ma anche le nostre paure, frequentemente legate al giudizio che ci diamo e che gli altri hanno confezionato, magari attribuendoci etichette che difficilmente riusciamo a scrollarci di dosso.

Capita spesso che se un bambino è stato etichettato come il ribelle, il provocatore, l'indisciplinato, questa etichetta diventi la sua immagine interiore e così non riesca a vedere né la sua sensibilità, né la sua generosità. Noi esseri umani, per placare le nostre ansie legate al controllo e all'autocontrollo, abbiamo bisogno costantemente di classificare e mettere tutto in caselline chiare, definite e non revocabili: le persone, l'ambiente, la vita con i suoi eventi… tutto diventa chiaro nel momento in cui rientra in uno schema, così lo conosciamo meglio e annulliamo la paura dell'ignoto e dell'imprevedibile.

Il punto è che invece la vita è un meraviglioso mistero, è un mistero infinito che non può essere sempre catalogato perché il cambiamento e l'imprevedibilità sono proprio i suoi elementi base, perché le persone non hanno solo un'intelligenza, ma almeno dieci, perché l'ambiente non è sempre uguale, in quanto i fattori atmosferici, l'inquinamento e quanto altro, lo vanno costantemente a modificare…

Cosa e come possiamo controllare?
Non lo si può fare, è semplice. La naturalezza della vita come la nostra stessa biologia è in evoluzione costante. Preso atto di questo, plachi ogni preoccupazione e ti metti in ascolto di quelle varianti che ogni giorno avvengono sia dentro che fuori di te. Non occorre classificare perché questo diventa limite e blocco. Gli esseri umani sono dei fantastici campioni a trovare i modi più disparati per tappare la propria creatività, per far in modo che non si esprimano tutte le potenzialità e non emergano abilità e competenze.

Quante volte siamo coscienti di vivere con il freno a mano tirato, fermi sul podio prima di ripartire?

Ci appare impossibile separarci dalle conquiste precedenti, come se fossimo sculture immobili, come il maratoneta nella tensione del lancio: fermo sulla linea di partenza. In questo modo riusciamo a dare uno stop alla vita stessa, come se fosse possibile fermare il tempo.

La vita invece è movimento, è questo ciò che la rende naturale, ciò che da sempre ci appartiene. Ma non è neanche corsa frenetica, saltello spasmodico tra un'attività e l'altra, frammentarsi di azioni inconsapevoli e schizzate... La vita è il fluire. La vera natura dell'uomo è quella dei popoli più "primitivi" che vivono ancora oggi a contatto con la natura, che ne conoscono il ritmo legato alle stagioni, legato ai mutamenti climatici, che rispettano i tempi di sonno e di veglia, che sanno accontentarsi dell'ammirare il tramonto, che sanno vivere dell'abbraccio del vento che percorre il corpo, che si fermano ad osservare un fiore in ogni suo dettaglio.

Questo è vivere con la V maiuscola perché è in sintonia con quello che davvero è la nostra parte naturale e spontanea.

In città spesso viviamo in ritmi ossessivi, in mancanza di tempo che non è altro che mancanza di vita.

Come fare?

Cosa si può fare per ritrovare questa armonia spontanea?

Occorre necessariamente ritrovare il contatto profondo con il proprio corpo, sentire l'appartenenza al Pianeta e quindi sentire la bellezza meravigliosa della natura. Ogni tanto staccarci da ciò che è antropologico per dedicarci a ciò che è naturale e spontaneo, trovare lo spazio anche solo di cinque minuti al mattino, cinque minuti nel pomeriggio e cinque minuti alla sera, per riconnetterci con noi stessi.

Non occorrono ore, non occorre fare meditazioni di mezz'ora se non possiamo permettercelo, non occorre ritirarsi in un monastero o in cima ad un monte e stare isolati da tutti. Basta un'azione mirata, chiara e definita che sia protesa a ricollegarsi al nostro Sé autentico e mettere il focus lì per quei pochi minuti, per vivere al meglio, per ritrovare serenità e forza, per continuare a sostenerci nel quotidiano sforzo che spesso va molto oltre le nostre reali possibilità.

Siamo un po' tutti in un ingranaggio che ci limita, crea ansia, distoglie da ciò che invece sarebbe naturale e opportuno…

Come fare?

Scelgo di prendermi cinque minuti per me. Questo è prioritario per la nostra salute mentale e il nostro equilibrio sia fisico che psichico. Seguono alcuni esempi che potrete utilizzare a questo scopo, ma se darete spazio alle vostre preferenze e ascolterete il vostro cuore, altre idee sorgeranno spontanee…

- Potete trovare il modo di mettere un fiore in una stanza e fermarvi un momento ad osservarlo… ad occhi chiusi lo visualizzate e, mentre ammirate questa bellezza, respirate profondamente… lasciatevi invadere dalla bellezza del fiore e alleggerite l'animo.

- Potete trovare il modo di osservare da una finestra le nuvole: notate colore, forme, movimento… chiudete gli occhi e respirare profondamente per immaginare queste nuvole con la loro leggerezza, lasciatevi trasportare dal vento leggero e fatevi invadere tutto il corpo da queste belle sensazioni.

- Potete trovare il modo di fare una camminata lenta, prestando attenzione ad ogni passo e al silenzio che è intorno a voi per cogliere dettagli… fermatevi un attimo sul peso delle vostre gambe un po' aperte per sentire l'interezza del corpo, dalla testa ai piedi e portare il focus al respiro, al cuore, alla forma, al peso, al calore, all'appoggio…

- Potete trovare il tempo di scegliere un'immagine della natura che amate o anche una foto scattata in un luogo per voi significativo ed osservarla nel dettaglio… visualizzarla… immaginate di essere lì a gustare colori, profumi, sapori, sensazioni tattili, movimenti, emozioni… tornate poi nel qui e ora carichi di nuova linfa vitale e di nuovo entusiasmo.

- Potete, inoltre, trovare il momento per fare una corsa, non solo per allenarvi e muovervi, ma proprio per dare nuova energia al vostro corpo, per gustare la forza e l'elasticità dei vostri muscoli che si ravvivano.

- Potete camminare sull'erba a piedi scalzi per sentire il solletico, l'appoggio a terra e il sostegno che essa ci offre, per gustare il verde e respirarlo a fondo fino a divenire voi stessi un filo d'erba.

- Potete ascoltare una melodia o una canzone che vi piace e provare a cantarla o ad accompagnarla anche solo con un mugolio di sottofondo per sentire la gioia che si libra nell'aria nel movimento delle note…

- Potete sentire l'emozione che sta albergando dentro di voi e potete disegnarla e rappresentarla anche semplicemente come linea o forme o punti, ad esempio una linea di paura, delle forme di preoccupazione, dei punti di dolcezza… e poi, osservando il disegno sentite quanto questi elementi vi stiano comunicando, quale messaggio hanno da offrirvi in questo momento…

- Potete osservare tutto l'ambiente che avete a disposizione dalla vostra finestra dall'alto in basso, per scorgere le variazioni legate alle stagioni, i dettagli che spesso sfuggono, le caratteristiche degli elementi e dirvi voce alta: "Io appartengo a questo mondo".

Queste semplici proposte ci connettono con noi stessi e con gli altri, e l'appartenenza permette al nostro animo di sentirci al sicuro e sereni. Questa è una verità che appartiene a tutti, nessuno escluso.

Un nuovo giorno
con colori che si assomigliano,
con il tepore del ritrovarsi,
nell'ascolto profondo
di quella luce che brilla dentro.

Capitolo 3:
Come integrare coerentemente quanto ci circonda

Molto spesso la difficoltà che attraversa gli esseri umani è dovuta all'essere troppo fugaci e quindi alla fatica di entrare in modo profondo in contatto con il mondo esterno, oltre che con il mondo interno. Si vive con superficialità, si giudicano i comportamenti degli altri, attribuendo etichette e giudizi e, una volta date definizioni e fatte classificazioni, ci si limita a queste, come se le persone potessero essere inscatolate in una o al massimo due parole, come se la realtà circostante fosse solo un insieme di atomi definiti.

Questa settorialità è patrimonio della medicina, che ha avuto bisogno, nel tempo, di prendere in esame un apparato per volta per specializzarsi, a causa dell'enorme mole di conoscenze che ogni singolo organo richiede, perdendo così di vista la globalità dell'essere umano. In questo modo, la medicina ha perso anche il primordiale valore dell'empatia, dell'ascolto, della presa in carico della persona nella sua totalità.

Gli ultimi eventi, al contrario, ci hanno fatto riscoprire il valore del medico e dell'infermiere come presenza, come reale supporto alla persona che, come in questo ultimo periodo, soffre in totale isolamento. Tutto questo pone l'accento proprio sulla nostra modalità di rapportarci agli altri e al mondo che non può essere un contatto fugace e sfuggente, una folata veloce di vento, prima di passare oltre.

Le persone hanno bisogno di essere incontrate nella loro interezza, nella complessità del loro essere, nella pienezza delle loro intelligenze, delle loro abilità e competenze. Questo non significa conoscere tutto, significa semplicemente mantenere la vera apertura del cuore, avere una capacità empatica totale che accoglie l'individuo di fronte e il mondo stesso a 360°. Questo significa semplicemente rimanere aperti e recettivi.

Possiamo permetterci il lusso di lasciarci sorprendere?

Possiamo ascoltare in modo totale e leggere il non verbale e cosa nascondono le parole in termini di sensazioni ed emozioni?

Possiamo osservare lo stesso oggetto non solo davanti, ma anche di lato, sopra e sotto?

Possiamo vedere con distacco, come se si fosse al cinema, ma con la voglia di cogliere dettagli e caratteristiche chiare e complete?

Certamente tutto questo è più che possibile, basta scegliere di farlo, basta mettere a tacere la nostra voce interiore che subito categorizza, emette un giudizio e lo trasforma in marchio.

È meraviglioso quando ci permettiamo di rivelarci in modo più aperto, quando ci concediamo di meravigliarci di quanto l'altro ci racconta e ci porta nella sua complessità.

La riflessione ovvia è che purtroppo noi non conosciamo noi stessi, manchiamo spesso di consapevolezza del nostro sentire, non prestiamo ascolto neppure alle parole e ai pensieri che ci attraversano, come facciamo, allora, a permetterci di giudicare ed etichettare gli altri e il mondo?

Il nostro emisfero sinistro reclama questo per placare ansie e preoccupazioni e per farci sentire al sicuro e protetti, ma è l'emisfero destro che ci aiuta a cogliere quella visione d'insieme dove si perdono i confini, dove tutto entra in una rete di connessione e collegamento totale, dove non c'è alcuna separazione, non ci sono limiti definiti e non ha alcun valore sottolineare ciò che ci divide.

Ognuno è speciale, unico, originale di per sé, ma quello che appartiene a tutti in modo indistinto è quella vita, quella energia, quella luce che è nello scambio cellulare, che è nel campo morfogenetico che ci avvolge e se potessimo vederci solo con l'emisfero destro del cervello, lo comprenderemmo a pieno. Tutto questo è stato dimostrato scientificamente e appartiene alle nostre conoscenze, ma ancora non del tutto al nostro sentire.

Quante sofferenze sono legate al sentirsi diversi dagli altri?
Quanto dolore risparmieremmo se smettessimo di sentirci inferiori e meno capaci di altri?

Quanto sarebbe più bella la nostra vita, se cogliessimo la nostra interezza e l'interezza di ogni essere umano nelle sue sfaccettature preziose?

Quanto sarebbe splendente vivere in una realtà ambientale dove ogni singolo albero, ogni pianta, ogni animale viene letto nel suo ruolo in rapporto all'intero ecosistema mondo?

Non avremmo più bisogno di temere nulla perché ad ognuno sarebbe attribuita la sua valenza nella rete di collegamento all'altro, in una catena infinita di relazioni che ci connettono costantemente, senza timore e senza dubbi. Noi e il mondo, la nostra interezza e l'altrui interezza, in un filo costante, in un approccio di totale unione. L'universo è strettamente in interrelazione, in un ordine cosmico molto preciso, regolato da leggi chiare che l'uomo conosce solo parzialmente, ma c'è una sorta di comunione nello stare con gli altri, in un continuum spaziotemporale.

Come fare, allora, per ricordarsi questo?

Come regolare il nostro comportamento?

Come smettere di criticare, giudicare, etichettare?

Occorre affidarsi al nostro cuore. Questa è la risposta vera perché il cuore con il suo campo elettromagnetico, con la sua intelligenza, con le sue qualità biofisiche, ci permette di connetterci realmente e in modo totale con le persone, con le cose e con gli animali. Se noi impariamo ad ascoltare il suo essere qui e ora, in presenza completa, non abbiamo più bisogno di nulla, tutto quello che sono le paure, le diffidenze, i confronti, scompaiono all'istante, come nuvolette passeggere trascinate dalla bora.

Noi possiamo stare ben radicati nel nostro essere, se abbiamo piena coscienza di essere una totalità, un intero, se sentiamo che siamo collegati alla Terra con l'appoggio saldo del nostro corpo, collegati al Cielo con piena consapevolezza del respiro e dello spazio che ci circonda nelle varie direzioni, se percepiamo chiaramente di essere presenza totale nella nostra unità corporea e nel cuore.

Possiamo alzarci in piedi, aprire leggermente le gambe per stare bene in equilibrio, chiudere gli occhi, sentire l'appoggio, sentire la forma, il peso del corpo, percepire il cuore e, ad occhi chiusi, visualizzarlo che respira in modo lento e profondo. Il cuore respira aria, luce ed energia… espira tutte le tensioni e i pensieri che ci attraversano… in questo respiro ci rilassiamo… godiamo il nostro sentirci Cielo e Terra e in questo acquisiamo una centratura che ci consente di porci nei confronti di noi stessi e del mondo in totale apertura e in pace.

Questa consapevolezza ci porterà a stare con gli altri con un altro approccio, senza ansie e pregiudizi e ci consentirà di entrare in contatto, non solo con quello che la persona di fronte ci dice, ma anche con la sua energia, ci consentirà di leggere il non verbale, come se fossimo totalmente neutri. Abbiamo bisogno di divenire neutrali, il che non significa annullarci, non tener conto del nostro potenziale, ma essere pronti ad accogliere l'altro perché siamo nell'amore incondizionato verso noi stessi.

Accogliamo la nostra interezza, pur riconoscendone limiti e difficoltà. Abbiamo scelto di essere un mondo completo, pronto ad incuriosirsi, ad esplorare un altro mondo intero. Diveniamo così amanti e curiosi della meraviglia dell'uomo, innamorati della realtà con i suoi profumi e colori, capaci di gustare suoni e sapori… riacquistiamo una grande capacità di sorprenderci, di gioire e ritroviamo l'apertura alare del bambino piccolo, che è stata offuscata nel tempo dall'eccesso di giudizi e barriere che hanno depauperato la nostra vita e la gioia dell'esistenza.

Questo darà nuovo sprint alla varietà della vita e saremo come un arlecchino pronto a vivere ogni sfumatura, senza alcun timore, ma con la voglia pazza di godere della vita, di gioire di ogni piccolo dettaglio, di benedire l'energia che scorre in noi, negli altri e nello stare con gli altri. La vita acquisirà nuovi sapori, infinite e sempre differenti conoscenze e non ci sarà più posto per l'apatia e la noia. Ogni giorno sarà benedetto.

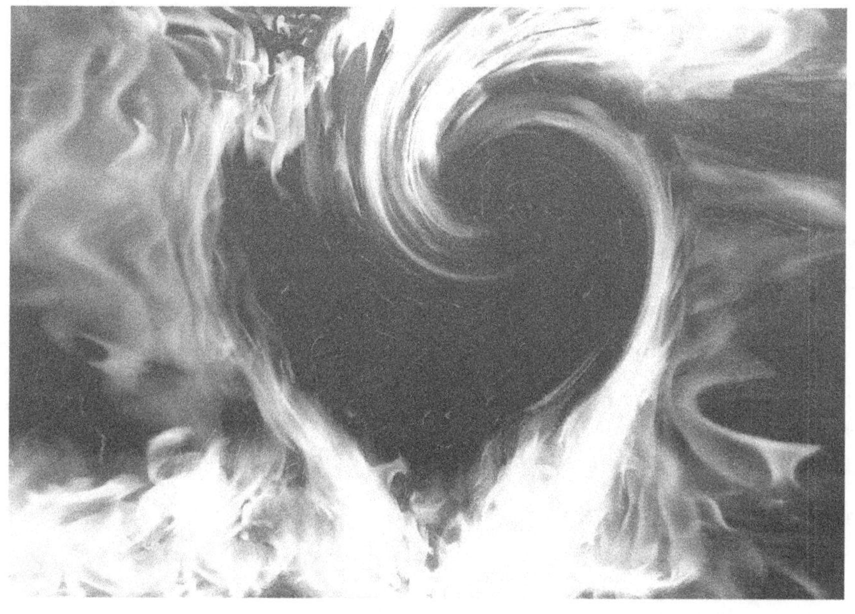

Sento il divampare della Vita

che parla

e racconta la bellissima storia

del mio essere intero e completo.

Molte sono le ricerche e gli studi che parlano e spiegano come
dentro ogni essere umano convivano tre cervelli: testa, cuore e

intestino e questa presenza, dimostrata scientificamente, può essere facilmente rilevata da ciascuno senza grandi difficoltà.

Tutti sappiamo come la paura, ad esempio, parta dalla testa e sia collegata all'istinto di sopravvivenza atavico; come l'amore e la gratitudine, invece, siano sentimenti che dal cuore escono da noi per spargersi su persone, animali o cose; come l'intestino, infine, sia coinvolto profondamente quando l'emozione è molto forte e quanto ansia e preoccupazione ci blocchino o stimolino in eccesso questa zona del corpo.

Lo studio più completo lo si può trovare nel testo base del mBraining e quanto potrete studiare è riassunto in questo: noi siamo Uno e ogni pensiero, ogni emozione, si riverbera in noi a tutti i livelli, anche se spesso non ascoltiamo l'interezza del nostro essere, ci fermiamo solo ad un primo livello e tutto si concentra nel mentale, quando il cuore e l'intestino reclamano la nostra attenzione e vorrebbero suggerire altro.

Questo ci porta squilibrio e talvolta una vita povera, cioè non ricca di sollecitazioni e stimoli positivi o va a confluire in uno scompenso e un disagio fisico che può portare perfino vere e proprie patologie. Il nostro essere necessita di vivere a pieno e se ascoltiamo la voce del cuore, oltre a quella della testa, possiamo identificare altre indicazioni e trovare che la mediazione tra i due costituisce l'equilibrio.

La paura che domina è la voce dell'ego che possiamo limitare, se lo tranquillizziamo, se lo coccoliamo come se fosse un bambino piccolo che cadendo si è sbucciato un ginocchio. È indispensabile mantenere un equilibrio sano tra le nostre intelligenze, bastano pochi minuti per essere presenti all'interezza del corpo. Basta poco per recepire i messaggi che provengono dal cuore che possono essere sensazioni come rilassamento o contrazione, ma anche parole e immagini; basta poco per consentire al cervello della pancia di abbandonare lo stress e di comunicare chiaramente.

I tre cervelli dentro di noi sono in costante comunicazione e nel momento in cui diamo loro la possibilità di espressione, qualcosa arriva in forma di percezioni o perfino sogni, suoni, sensazioni tattili, parole. Per riuscire a cogliere i segnali, bisogna accogliere a pieno il nostro corpo, leggere gli eventuali sintomi come segni e messaggi di disagio che sottendono chiaramente un bisogno non considerato.

Nell'insieme dei pensieri e delle emozioni che talvolta si aggrovigliano, come una matassa molto intricata, si rende indispensabile fare spazio a tutto e prendere in considerazione ogni aspetto, sentire ogni singola parte, entrando in connessione empatica di vera accoglienza, senza giudicare o criticare, senza disprezzare quando manifesta dolore o malessere...

Il corpo parla sempre e comunque, ma vogliamo ascoltarlo nelle sue molteplici espressioni?
Vogliamo dargli uno spazio e mettere di lato tutto il mentale che si affolla senza tregua?

Questo significa riconoscere la dignità piena e totale del corpo, significa entrare nel tempio sacro dello spirito, significa avere il coraggio di conoscersi fino in fondo e non negare la nostra verità, quella più profonda, quella che va molto al di là dell'immagine corporea che notiamo davanti ad uno specchio.

Questo ci mette davvero a nudo e per questo occorre disponibilità totale e amore autentico verso ogni organo, ogni muscolo, ogni tessuto, ogni cellula.

I segnali che il nostro corpo ci manda, sono alla base di un numero infinito di malattie, se riusciamo a cogliere questi segnali, possiamo, non solo guarire meglio e prima, ma anche non ripetere il sintomo nel tempo, a far sì che non diventi cronico.

Occorre avere il coraggio di identificare la causa scatenante che può essere un trauma, un evento vissuto come tale, un pensiero o una preoccupazione che ci ossessiona costantemente. I virus e i batteri non c'entrano nulla? Certo i virus e i batteri esistono, ma è anche vero che siamo noi a mantenere loro la porta aperta o meno, siamo noi a rinforzare o abbassare il nostro sistema immunitario con il peso o la leggerezza dei pensieri e delle emozioni, siamo noi che portiamo cura e amore e massaggiamo il corpo o lo trattiamo come oggetto totalmente staccato da noi.

Per manifestare nel quotidiano l'amore alla nostra verità, vi suggerisco di dedicare un momento al risveglio e alla sera prima di dormire per fare un veloce check-up di ogni parte del corpo, per dare il buongiorno ad ogni cellula, per dare la buonanotte e il meritato riposo ad ogni organo, per benedire ogni singola parte, immaginando una luce oro che fa brillare l'interezza del vostro essere, recando gioia, armonia, voglia di vivere.

Il corpo manifesta molto il suo entusiasmo o il suo disagio verso la vita e lo dice in mille modi diversi, nelle contratture dei muscoli, nelle incertezze del movimento, nei dolori articolari delle ginocchia… sta a noi riconoscere i sintomi, fermarci a prenderne cura, ma non solo per identificare il medicinale occorrente, ma proprio per una presa d'atto.

"Io voglio ma io il mio corpo dice…" ascoltare il proprio corpo è davvero importante e non si può alzare il nostro livello di gioia, di energia, di soddisfazione a prescindere da questo. Se notiamo dentro di noi un eccesso di mente che porta mal di testa, vertigini, nausea; un eccesso di ansia che porta palpitazioni, aritmie; un eccesso di nostalgia e sofferenza psichica che portano un blocco intestinale o febbri frequenti… è il caso davvero di prendersi il tempo per ascoltare.

Il corpo lo si può percepire bene quando lo si muove e allora la camminata non è solo portare un passo avanti all'altro, ma sentire il corpo che si sposta nello spazio, avvertire il respiro e il cuore…
Il corpo lo si ascolta bene nel silenzio e nella penombra. Bisogna offrirgli la possibilità di espressione autentica liberandolo dal giudizio.

Quelle sensazioni, quelle parole vanno prese in mano come gemme luminose perché provengono dalla Verità e raccontano molto di noi, della nostra vita, di quello che amiamo e quello che proprio non tolleriamo. Dopo aver accolto il tutto, possiamo darci una nuova rotta e accettare il cambiamento necessario perché in accordo totale con tutto quello che il nostro essere ci sta proponendo.

Si può ignorare il corpo, ma il rischio è che poi le manifestazioni diventino ancora più gravi e allora la posta in gioco si fa alta. È come correre su un terreno scivoloso: può andar bene una volta, una seconda, ma alla fine il rischio di cadere e rompersi una gamba è alto e, se si forza troppo, è ciò che accadrà. I segnali che il corpo invia sono all'inizio leggeri e delicati, ma poi diventano sempre più forti e non considerarli non è molto saggio.

Vogliamo non ascoltarlo per poi dare tutta la colpa alla nostra schiena difettosa o al nostro fegato bacato, come se fossero maledetti e incapaci di funzionare?

Cerchiamo i colpevoli e i responsabili fuori di noi, come se fossero sempre gli altri e mai noi, i diretti protagonisti della nostra storia. Noi abbiamo un corpo che ha molteplici intelligenze, attraverso le quali parla e ci manifesta benessere e malessere in modo univoco.

Tutto questo può essere considerato in quanto tale o trascurato o annullato, ma alla fine ci sarà un evento catastrofico che porterà tutta l'attenzione su quanto per molti anni abbiamo fatto finta di non sapere. Educhiamo pertanto anche i bambini ad amare il corpo, a riconoscerne il valore, ad allontanare ogni bacio o abbraccio non voluto, a rispettare in pieno la dignità della nostra prima verità. Questa è sicuramente la prevenzione migliore per ogni forma di abuso e violenza. Se impareranno fin da piccoli a mantenere questa attenzione, avranno davvero acquisito il profondo rispetto che meritano e che va portato ad ogni creatura.

C'è una forza nello sbocciare,

una spinta al modificarsi

in nuove e sempre uguali sostanze,

in nuove forme per assaporire meglio

il mio oggi.

Capitolo 4:
Come prendere atto della propria essenza

Nella vita può capitare di sentirsi molto confusi, di sentire dentro di sé di aver tradito i sogni di bambino, quando tutto ci appariva un miracolo, un dono, una meravigliosa opportunità. Crescendo abbiamo perso magari il contatto con quella parte bambina che sognava ad occhi aperti, che aveva profonde aspirazioni e grandi meraviglie da realizzare.

Cosa accade?

Accade che tutto diventa molto più insipido, i colori si attenuano e la vita sembra piatta, senza passione, rapita dalla routine, da cose sempre troppo simili per stimolarci, per far crescere in noi l'entusiasmo vero.

E la voglia di vivere e di "spaccare il mondo" dove è finita?

Dove sono le ambizioni di un tempo?

Quanti sogni sono rimasti nel cassetto, bloccati dalle nostre paure?

Quando arriva il compleanno ci viene voglia di fare bilanci e analizziamo tutte le cose che avremmo potuto fare o dire, pensiamo che vorremmo essere qualcuno di diverso e allora vediamo allo specchio una persona che non ha più voglia di volare alto, che si rassegna semplicemente a quella porzione minimale di sé stessa.

Noi in realtà siamo molto di più di quanto appariamo e molto più di quanto ci permettiamo di essere… ascoltiamo i giudizi, le critiche, i consigli non richiesti degli altri e costruiamo una strana identità, strana perché non corrispondente al vero. Ci facciamo così spesso modellare dall'esterno che perdiamo il contatto con noi stessi, con il nostro mondo interno, con le nostre passioni più autentiche.

Abbiamo tradito noi stessi perché volevamo far contenti i genitori, perché volevamo imitare quella persona di successo, perché pensavamo che saremmo stati capaci di fare solo quello… in realtà ci siamo costruiti una gabbia, un recinto a volte dorato, nel quale muoversi senza rendersi conto che è un pieno di limiti autoimposti, un paradiso di plastica, non corrispondente alla nostra verità.

Come fare allora per non arrivare a questo?

Come uscirne?

Sicuramente quello che è sempre necessario, è continuare ad ascoltare il cuore, il corpo, le nostre sensazioni fisiche e i nostri sentimenti. Prendersi quel tempo preziosissimo per ascoltare la risposta spontanea del cuore di fronte alle nostre scelte e per questo basta chiudere gli occhi, rilassarsi un attimo, respirare profondamente e fargli la domanda diretta e la risposta sarà un'espansione per un "sì", ed una contrazione per un "no".

Non basta però solo questo, possiamo prendere un quaderno e iniziare a scrivere liberamente, di getto senza farci alcuna domanda, senza chiederci se è sano e saggio… ma farlo e basta e scrivere a briglia sciolta tutti i desideri, tutti i sogni che conteniamo e non solo ciò che desideriamo avere, ma anche ciò che vorremmo essere e fare. E in questo scrivere spontaneo, buttare via tutti i limiti e i recinti costruiti dalle paure, dal non sentirsi meritevoli, dal non sentirsi all'altezza, dal "Non è possibile che capiti propria a me"…

Questa libertà del foglio bianco, ci permetterà di comprendere in realtà cosa alloggia in fondo al nostro animo. Capita a tutti di nascondere alcuni desideri dietro ad altri, ad esempio: muoio dalla voglia di possedere quella certa auto, ma perché? Magari ho una passione sfegatata per quel modello, ma probabilmente dietro a questo grande desiderio, ce n'è uno più vero che è quello di sentirmi forte, ricco, alla moda, ammirato dagli altri…

Scrivere liberamente è molto interessante perché dietro ai sogni scritti, possiamo identificare quello che aneliamo da sempre, consentendoci, successivamente, di pensare a vie reali, tangibili, pratiche per realizzare davvero e completamente noi stessi. Potremmo decidere di riprendere a studiare o di fare quel corso di pittura che da sempre desideriamo, potremmo scrivere ogni giorno una poesia o un racconto se il nostro sogno è quello di pubblicare un libro, potremmo concederci un periodo di stacco dal lavoro per sperimentare una nuova attività a cui aspiriamo da tanto…

Possiamo fare scelte coraggiose, ma in accordo reale con la nostra anima, in coerenza con quella identità che finora abbiamo taciuto perfino a noi stessi.

Perché non ci siamo ascoltati veramente?

È molto facile cadere preda del giudizio e delle idee esterne, se non si prende in degna considerazione il mondo interno. È fondamentale, perciò, consentirci di rivolgere lo specchio dentro di noi e cogliere i segnali che i nostri organi e il cuore in particolare ci mostreranno, per carpire quello che soggiace.

Sarà forse incredibile andare a scoprire quello che da sempre è lì e reclama di essere ascoltato. Sarà possibile, magari, fare un sogno in cui ci rivediamo da piccoli, mentre giocavamo e ci sembrava di essere… e renderci conto di davvero chi siamo. È importante costruire una nuova identità e poi metterla per iscritto senza remore, senza dubbi, senza darsi alcuna valutazione:
Io Sono… Io Sogno… Io Desidero…

In base a chi siamo, scegliere un destino diverso, perché coraggiosamente rinunciamo a tutto ciò che non ci aggrada, a tutto ciò che ci toglie l'aria, a tutto ciò che ci costringe in un ruolo che non sentiamo nostro. Tutti abbiamo più ruoli, più immagini di noi, più relazioni e in base ai contesti, mostriamo facce diverse e ci sentiamo differenti, ma chi siamo veramente?

Scriviamolo, analizzando le nostre relazioni, analizzando i vari contesti… scriviamolo e poi possiamo modificare quegli elementi che non sono coerenti e congruenti con ciò che è la nostra verità.

Non è un percorso facile perché richiede una certa consapevolezza, perché richiede l'accettazione incondizionata di noi stessi con i nostri talenti e i nostri punti di debolezza, perché potremmo aver paura di perdere quella maschera che si è tenuta a lungo, perché il cambiamento spaventa. Magari lo aneliamo da millenni, ma costituisce una crisi… per questo, mettere per iscritto, rileggere e limarlo o modificarlo nel tempo, ci consente di ridefinire il nostro Sé.

Vederlo ogni giorno nella vita quotidiana, nelle relazioni con gli altri, come qualcosa di assolutamente concreto: così sarà molto più semplice manifestarlo nella realtà. Il cervello non riconosce l'immaginato dalla realtà, perciò visualizzare la nostra disinvoltura e felicità, le rende facilmente possibili perché già ci appartengono, la nostra mente le ha riconosciute e accettate come verità. Tutto questo è ampiamente dimostrato da tante esperienze raccontate in vari testi della PNL, ma anche senza un approccio così rigido e deterministico, possiamo porre i mattoncini della nostra identità.

Dobbiamo avere solo il coraggio di ammettere i nostri desideri, dare spazio ai nostri sogni, ascoltare fino in fondo ciò che grida dentro di noi e lasciare completamente fuori ciò che giunge dall'esterno. Inseguire i sogni significa anche ricevere critiche perché è più facile smontare che potenziare, più comune incontrare le ansie e le preoccupazioni degli altri che gli incoraggiamenti a percorrere fino in fondo la propria strada. Perché accade tutto questo?

Sicuramente chi realizza i propri sogni, mette in crisi gli altri che non si permettono di farlo. Chi prova a realizzarsi nella sua essenza è molto più forte e resiliente, accetta le tempeste della vita come ostacoli naturali e ogni caduta diventa uno stimolo per rialzarsi ancora. Occorre credere ai sogni fino in fondo, visualizzarli come già realizzati, perseguire con tenacia e non mollare, come raccontano le biografie di Edison e di Disney. Non si ottiene sempre tutto e subito, ogni giorno un mattoncino, ogni giorno un passo in avanti per giungere a quella vetta ambita. Quello che offre forza e sostegno è la congruenza che non è altro che la coerenza totale con chi siamo veramente.

Chi sei?

Questa è la domanda a cui da sempre gli uomini hanno cercato di rispondere. Prendi un quaderno per costruire la tua identità, per segnare gli oltre mille sogni e desideri che contieni… quando tutto ti sarà più chiaro, passa all'azione che è graduale, un passo alla volta, è una scelta di cammino. "Non siamo qui a poltrire", dice la grande coach Patrizia Setteducati: "non siamo qui a fare le cozze".

Siamo esseri illimitati con un potere immenso, con una grande responsabilità, la responsabilità di creare la nostra vita e questa è nostra al 100%. Questo capitolo nasce proprio dal supporto che ho avuto da questa coach, alla quale devo molto in termini di scrollo e di costruzione di nuova identità. Mi ha aiutato a rivelare la mia identità orinaria che i dubbi e le paure avevano offuscato. Ora so che è fondamentale quella capacità di vedersi davanti allo specchio in modo intero, con lati ombra e lati luce, ma con la consapevolezza di essere creature ricche di bellezza.

La nostra Verità sta nella nostra bellezza intera e nella luce che sottende lo scambio tra le cellule e che avvolge il corpo con la sua energia. L'energia è vibrazione, che parte dal cuore, ma va molto oltre. L'energia nasce dalla forza della Terra che sostiene e alla quale apparteniamo. La nostra Verità sta nel valore enorme della connessione con noi stessi, con il mondo e, nel sentire questa appartenenza, riusciamo a cogliere la totalità. La coerenza e la congruenza ci consentono di sentirci completi, al di là del contesto in cui la nostra energia si muove.

Il mondo nelle nostre mani…

La scelta della gioia

da scoprire ogni giorno

nella nostra profondità,

nello spazio libero del cuore…

Non è sempre facile conoscere i propri desideri più profondi, le reali aspettative che abbiamo nascoste nel nostro animo, non sempre riusciamo a "vederci" rivolgendo lo specchio verso il nostro interno. Questo accade per mancanza di allenamento: non siamo abituati a farlo perché non ci è stato insegnato, perché gli adulti intorno a noi non lo fanno spesso e non abbiamo un modello preciso da imitare, perché questo ci sembra un mondo che ci inquieta e ci appare troppo spirituale, troppo new age…

Questo accade a tutti e a qualcuno in modo più frequente quando domina essenzialmente la paura di non essere degno, di non meritare, di non essere all'altezza, di non essere capace di… tutto ciò è frutto di vissuti molto incisivi che di solito risalgono ai primi anni di vita e sono stati determinati in buona parte dalle mentalità dei genitori, degli educatori, degli insegnanti.

Il mondo adulto, pur volendo fare del proprio meglio e con tutte le migliori intenzioni, ha danneggiato la nostra autostima e la fiducia in noi stessi, la fiducia verso il proprio potenziale, verso le infinite opportunità della Vita. Tutto questo ha non solo creato la gabbia che ci vede muovere all'interno, ma ha anche messo un'impronta indelebile sulla nostra vita. Questo va a influenzare le scelte ed a definire le modalità di approccio agli altri. Andrà a riflettersi all'infinito in una serie di eventi che accadranno nella vita, come una profezia che si autodetermina.

Tutto questo finché un giorno, finalmente spossati da eventi sempre uguali, da sentimenti opprimenti, da emozioni convulse, non decideremo di mettere un punto fermo e di comprendere fino in fondo chi siamo e dove abbiamo voglia di arrivare. La scelta è quella classica tra la volontà di vivere e la rassegnazione a sopravvivere. Vivremo se prenderemo in considerazione l'idea di valere, di essere una presenza importante per il mondo, se offriremo alla leggerezza e alla felicità di entrare definitivamente nella nostra vita.

Non è solo un insieme di belle parole: diventa sostanza concreta e tangibile quando si compie questa scelta di Vita. Occorre prendere in mano con la massima cura e delicatezza quel bambino, quella bambina interiore che soggiace in noi e lentamente analizzare e curare ogni singola ferita, ogni singola esperienza traumatizzante. È necessario scrivere in modo dettagliato, inserire nella descrizione, se è possibile, anche colori, suoni, odori... tutto quello che è sensazione. Bisogna sviscerare il vissuto emotivo, identificando non solo le emozioni che possono essere molteplici e talvolta contraddittorie, ma anche i pensieri che ci hanno attraversato, che hanno continuato a ristagnare nella nostra mente, predisponendo il ripetersi delle emozioni e il ripetersi delle situazioni negative con lo stesso marchio di fabbrica.

Noi siamo il nostro destino, noi siamo i pensieri e le emozioni che viviamo e che predispongono ogni fatto della vita, non esiste una fortuna o un destino avverso. Siamo noi, che con la nostra specifica vibrazione, con la nostra verità essenziale e profonda predisponiamo il mondo, un destino più o meno favorevole. Non è per niente facile accettare che siamo noi gli artefici.

Se potessimo dare la colpa a Dio o alle forze malvage, ai politici e al governo, alle istituzioni, ai genitori... saremmo molto più tranquilli, riusciremmo a sentirci le vittime disgraziate del mondo e ci crogioleremmo in questo magma malsano a vita, leccandoci le ferite e continuando a raccontare a tutti quando siamo tapini... Questo comportamento da Calimero lo conosco bene perché mi è appartenuto per un bel po' di tempo, ma, quando infine ho iniziato a stufarmi di sentirmi così misera, senza quello, senza quell'altro… ho deciso di iniziare a leggere e a formarmi e tutti non facevano che ripetermi a gran voce che abbiamo la responsabilità della nostra vita al 100 %.

Non nascondo di essermi arrabbiata molto e mi sono sentita offesa da questa frase, ma poi, con il tempo, ho capito che questa frase, in realtà, mi ha reso il pieno potere, il potere su di me, sugli eventi della mia vita. Poteva portare il vero cambiamento a cui aspiravo da sempre. Con sofferenza, a volte, ho scrollato da dosso i miei traumi, le ferite ancora un po' aperte, i dubbi sul meritarmi o meno la felicità e sono andata avanti.

Ho compreso fino in fondo che la felicità è una scelta e che può portarti a questo, solo se senti nel profondo la tua bellezza, se senti di valere veramente, se percepisci chiaramente di essere una luce brillante. Per questo vi invito a riflettere sul fatto che nulla di esterno a voi potrà mai cambiare, se non modificate radicalmente ciò che è dentro di voi. Se scegliete di dare reale spazio alla Vita e alla sua meraviglia, dovete togliere tutti i pesi che vi portano nel baratro della tristezza, dovete rimuovere tutti gli ostacoli che vi impediscono di volare alto, dovete eliminare tutte le paure e le limitazioni che costruiscono il muro invalicabile che vi trovate tutti i giorni dinanzi.

Come fare?

Prima di tutto occorre il coraggio chiaro, nitido e trasparente di affrontare tutti i mostri che stanno dentro di noi e risucchiano l'energia vitale. Bisogna stanarli tutti e portare alla luce ogni pensiero, ogni sentimento, ogni paura, ogni evento. Quando è tutto dinanzi perché l'abbiamo scritto in una chiara cornice spazio-temporale con immagini, colori, suoni, sensazioni tattili, profumi, sapori… basterà decidere di prenderne uno alla volta per superarlo.

Chiudete gli occhi, respirate in modo profondo, tornate a quell'evento negativo e immaginate l'arrivo dall'alto, insieme al respiro, della luce bianca-oro che lentamente si espande in voi. Diventate brillanti come il sole a mezzogiorno e lentamente, respirando profondamente, tutto il negativo si dissolverà come mera illusione. Questa non è magia, ma è una strada rapida e sicura. È assolutamente semplice e possibile.

Se sentite che quella negatività ancora non è sparita, è perché probabilmente ci sono degli effetti positivi, quel sentirvi vittime vi ha dato ad esempio un surplus di affetto da parte della famiglia o un apprezzamento diverso dagli amici. Ci sono delle conseguenze positive che non volete abbandonare, che avete timore di perdere nel caso superaste l'ostacolo. Se è così occorre riprendere in mano questi effetti secondari e ad uno ad uno espanderli nella luce.

Questa strategia prende spunto dalla "Divine Connection" di cui è portatrice nel mondo Patrizia Setteducati ed è semplice, efficace e attuabile da tutti, anche da chi non pensa di essere un essere divino, anche da chi non crede ad un Creatore o a un Dio, qualsivoglia chiamarlo. È molto importante provarlo perché si otterranno risultati strabilianti in termini di leggerezza e superamento di resistenze, blocchi, emozioni tossiche e devastanti.

Quello che vi rimarrà alla fine sarà constatare semplicemente che tutto quel pesante fardello che vi portavate è sparito, che la Luce ha compiuto un'opera di reale e concreta pulizia all'interno del vostro cuore e da qui non potrà che sgorgare nuova acqua pura e sfavillante. L'essenza di ogni essere umano è offuscata e aggravata da pensieri ed emozioni che abbassano il livello di energia, che predispongono il proseguirsi di eventi non sempre favorevoli, che limitano capacità e potenzialità.

Vi piace l'idea di divenire liberi e felici?
Questo modo veloce è possibile per il bambino come per il nonno e tutti possono godere di quella pace profonda che nasce da questo incontro. Quando diventiamo essenza di luce non ci sentiamo più difettosi o incompleti o incapaci; siamo in uno stato di totale fusione con l'universo, sentiamo di essere completi, sereni, tranquilli e forti. È una scelta: occorre darci una seconda possibilità, occorre pensare di meritare di vivere realmente.

Può far paura perché si è talmente abituati alla sofferenza da non riuscire neppure a scorgere altre possibilità, da non riuscire nemmeno lontanamente a sperare in questa opportunità. Ripensiamo a quel passato denso di dolore che ci ha ingabbiato totalmente, ma la luce c'è sempre in fondo ad ogni tunnel. All'inizio sarà solo una piccola fiammella, poi diverrà più grande del sole.

Questo è un percorso alla ricerca della nostra essenza, alla ricerca della Verità. E la Verità vi dimostrerà realmente che siamo Luce. Noi siamo energia e la nostra energia luminosa, contenuta nel nostro corpo, vuole solo brillare, vuole solo vivere dentro e fuori di noi, in un ciclo vitale continuo di manifestazioni eccellenti.

La perfezione di un disegno ritmico

nel caos della nostra mente,

nella goffaggine del corpo…

Nella perfezione riflessa della nostra totalità!

Capitolo 5:
Come valorizzare dignità e connessione

Quando nasciamo siamo creature indifese, vulnerabili e bisognose di cure continue e di una presenza che nutra il nostro bisogno di fame e sete, ma anche di contatto, di dialogo, di relazione. È quella relazione che lascerà la traccia più profonda e importante per tutto il resto della vita. Molto spesso, i traumi vissuti in quell'epoca così precoce vengono trascinati nel tempo.

Solo affrontando quella sensazione negativa, che ci impedisce di sentirci meritevoli e degni, a prescindere dalle metodologie utilizzate, si può davvero stare bene. Se ciò non accade, la sensazione diventerà come un olio che galleggia dentro la nostra acqua interna e lambisce le cellule, oscurando i colori dell'arcobaleno, negando la spinta vitale alle nostre azioni, impedendoci di diventare veramente autonomi e felici.

Cosa fare?

Occorre tornare indietro a quei vissuti e cercare di raccogliere informazioni il più dettagliate possibile dai genitori e, anche in questo caso, mettersi in ascolto del proprio Sé più profondo. In quel pozzo artesiano, ci sono indizi fondamentali che, se riemergono come immagini, come sensazioni, come pensieri ordinati, possono aiutarci ad abbracciare e coccolare quel bambino, quella bambina vulnerabile che ha avuto quella esperienza di abbandono, di rifiuto, di non accoglienza.

Così possiamo scrivere una diversa storia, un altro sentire, una modalità totalmente differente di ricevere cure, attenzioni, affetto. Noi nasciamo con bisogni universali, il bisogno di nutrizione non è così slegato da quello di calore, il bisogno di un riparo non è così lontano dal bisogno di sentirsi toccati e massaggiati. Anche da adulti, la nostra insofferenza, il disagio psicologico, l'imbarazzo, le fobie sociali, l'eccesso di introversione o di estroversione, ci parlano di quel bambino.

Noi nasciamo con delle esigenze che vanno molto al di là di quello che vorremmo ammettere da adulti; in tanti dichiarano di essersi fatti da soli, di essersela cavata sempre in totale autonomia, di poter fare a meno degli altri… ma non è così. Noi viviamo in un contesto sociale e necessitiamo di relazioni sociali vivide, abbiamo bisogno di sentirci parte di un gruppo, di una famiglia, della stessa squadra. Questo ci rassicura, ci definisce meglio, ci fa sentire all'altezza delle avversità della vita che inevitabilmente incontriamo tutti.

Vivere in un contesto sociale non significa, però, annullare sé stessi, non significa essere assoggettati agli altri, non significa che noi dobbiamo eseguire per far bella figura, per essere accettabili e carini sempre e comunque. La centratura è essenzialmente in noi, ma gli altri sono con noi e non si può pensare di essere lontani o invisibili. Noi viviamo in questa continua interrelazione e possiamo scegliere di quale colore e sapore saranno le nostre relazioni, di quale entità sarà il contributo che desideriamo donare al mondo, possiamo decidere di esserci o non esserci.

La Verità del nostro sentire emerge al di là delle nostre parole e non solo parla attraverso le nostre azioni, ma anche attraverso quella vibrazione che tutti noi avvertiamo accanto alle persone. Forse non siamo allenati molto in questo senso, ma tutti avvertiamo benessere o meno stando in compagnia e, a volte, ci rendiamo conto che quella persona ci toglie energia, ci sentiamo come soffocare, abbattere…

Tutto questo è parte della grande energia che circola nel mondo sia a livello di colori, profumi, sapori, suoni, sia a livello di quella forza più sottile che riusciamo a percepire, anche se non identificare, che viene trasmessa con l'aria e che ci tocca dentro. Quando avvertiamo troppo facilmente l'energia delle persone e dei luoghi possiamo stare bene se è alta e positiva, come ad esempio in luoghi naturali incontaminati o nei templi di tutte le religioni, oppure possiamo stare molto male quando quel luogo è denso di sofferenza, come ad esempio negli ospedali o nei ricoveri per anziani.

Questa sensibilità non è extraterrestre, tutti noi nasciamo con queste antenne speciali. Quando siamo una tabula rasa che assorbe tutto dalle figure parentali di accudimento, la sensibilità si forma come fosse uno strato di recezione e disponibilità che varia da soggetto a soggetto e, col tempo, questi canali permangono aperti e pronti a ricevere. Quando avvertiamo un malessere così forte da diventare perfino fisico, è evidente che non possiamo far altro che allontanarci e questo può significare anche non frequentare più certe persone. Questo non è rifiuto, è preservare il nostro sentire, stare in ascolto e riconoscere il valore della nostra energia, il valore di quanto ci fa stare bene e quanto invece ci abbatte. Se dobbiamo per forza affrontare persone o luoghi che ci avviliscono, è fondamentale quando poi ce ne allontaniamo, ritrovarsi, ripensare a sé, ricaricare le pile con energia pura.

Come fare?

Ci sono tante azioni che ce lo permettono: sicuramente fare del movimento, ancor meglio se all'aperto, anche semplicemente una passeggiata in un parco; fare una breve meditazione, trovando un posto tranquillo per chiudere gli occhi, ascoltare il corpo in tutte le sue parti, respirare profondamente e lentamente dando nuova aria e luce ad ogni singola cellula del corpo e riempendo di serenità e amore ogni organo. Riconciliarci, ammirando semplicemente il cielo nel momento del tramonto o osservando il mutare scorrevole delle nuvole; osservare nel dettaglio un fiore o una pianta, magari abbracciare un albero e metterci in connessione con la sua bellissima energia. Scegliere una musica che in quel momento ci ispira davvero e metterci a danzarla liberamente; scegliere un'opera d'arte che in quel momento ci rappresenta e osservarla nei colori, forme, luce, prospettiva e poi visualizzarla ad occhi chiusi per sentire la vita che pulsa dentro di lei; potremmo, infine, semplicemente camminare e sentire il proprio movimento in totale presenza, annullando così ogni pensiero e fare il vuoto.

Svuotare la mente è il primo passo. All'inizio può sembrare complesso perché tutti i pensieri si affollano in essa, ma se li viviamo come tante nuvole passeggere che arrivano e poi scompaiono e ritorniamo a sentire il corpo, il respiro e il cuore tutto diventa semplice, tutto diventa possibile, tutto riacquista la piena serenità e riusciremo così a ricontattare quell'energia, quella forza che, propulsiva, avanza in noi.

Non possiamo che rimanere in questa presenza e, in essa, riconoscere il nostro pieno diritto di esistere, il diritto alla Vita abbondante e bella. Questo diritto ce lo abbiamo da sempre, da quando eravamo minuscoli e apparentemente insignificanti: abbiamo il pieno diritto alla felicità, che parte sempre dal riconoscere il diritto e la gioia della vita in noi. Se ci blocchiamo nel convulso rimuginare della mente, nella frenesia del fare, nello sguardo costante al mondo degli altri, senza riconoscerci come primi attori protagonisti della nostra storia, rischiamo di non vivere e di sentire che tutto ci limita, ci soffoca, non ci riempie mai abbastanza. Da qui possono sgorgare sia l'apatia e la depressione che, al contrario, un eccesso di attività per non pensare e non sentire, per non vedere quanto il corpo reclama, quanto il cuore invia, quanto il malessere fisico nasconde.

La nostra dignità va accolta nel momento in cui nasciamo e va portata fino alla fine dei nostri giorni, come il riconoscere il valore infinito della nostra esistenza. Questo ci porterà ad avere relazioni molto più serene e tranquille con tutti e così saremo davvero luminosi, esempi di coraggio e umiltà, di intelligenza e fantasia. La nostra dignità riverbera di tutti i talenti che possediamo e si rispecchia intorno a noi, come se fossimo un costante faro che invia luce a tutte le direzioni e a chiunque ci avvicini.

Questa consapevolezza nasce da una scelta di totalità, la scelta di una vita meravigliosa che potrà avere anche ostacoli o difficoltà, ma ci sarà sempre quella forza, quella resilienza, quella capacità di riprendere le redini in mano. "Io valgo", lo dice una pubblicità, ma in realtà dovrebbe essere un mantra da ripeterci costantemente, deve far parte del nostro quotidiano accettarci completi.

Mi amo e mi accetto intero.

La luce penetra nella materia

e dona vigore ed energia…

Ogni singolo cristallo di bellezza pura

è unico e irripetibile…

Un unico insieme sinfonico,

un'unica meraviglia nella differenza…

La particolarità

si tinge di unicità consapevole.

La vita presenta spesso delle difficoltà che, nel quotidiano, ci fanno sentire sopraffatti e incapaci di superarle. La serenità è vinta talvolta dalla preoccupazione, l'ansia ci regala morsi alla gola, blocchi allo stomaco o strani movimenti all'intestino. Non è facile sentirsi sicuri quando è compromessa la salute, quando il conflitto in famiglia arriva a livelli forti o addirittura rasenta la violenza psicologica. Tutti questi eventi hanno come effetto immediato la chiusura del cuore, l'ergersi di forti resistenze e difese, il totale abbandono della calma e dalla lucidità mentale.

Come fare per ritrovare equilibrio e serenità?
Cosa fare come prioritario e urgente?
È indispensabile rendersi conto che nella vita ci sono sempre degli ostacoli e questi sono nella vita di tutti, cambia solo il modo di reagire, cambia solo la modalità di risposta, in quanto lo stesso evento terribile può essere letto in modo diverso. Ognuno è chiamato davanti al dolore e alla sofferenza, a rimodulare la sua reazione, a rileggere i pro e i contro e a rialzarsi.

Non tutti gli eventi catastrofici hanno un solo lato della medaglia. Tutte le volte si può ripartire e si può scegliere di andare avanti, modificando alcuni comportamenti, rinunciando a quelle sensazioni di malessere emotivo che ci devastano e non portano frutto, ripensandoci più determinati e vogliosi di bellezza. Dietro ad ogni disastro c'è un dono e questo dono, anche se fatichiamo a vederlo sul momento perché presi dalle nostre ferite, lo riscontriamo poi nel tempo.

Vi racconto una mia esperienza personale: a cinque anni ho subito un intervento chirurgico alla gamba sinistra che mi ha lascito una lunga cicatrice e ha fatto sì che mi sentissi per molto tempo diversa, handicappata, inferiore, brutta… questo ha innescato dentro di me la ricerca costante di pace e serenità, il desiderio di sentirmi meglio e simile agli altri, mi ha reso una persona sempre curiosa, con una grande voglia di crescere, di essere, di contribuire in modo positivo al mondo. Questo evento, che mi ha portato sofferenza, è stato allo stesso tempo il motore che mi ha dato la spinta per un'evoluzione continua.

Adesso so di essere molto di più di quella bambina scansata da chi la vedeva handicappata e aveva paura del limite. So di essere una donna che ha delle ferite, ma che sceglie di essere felice, di essere un punto di luce e di riferimento per gli altri, una donna con un percorso continuo di formazione che vuole costantemente migliorare per essere di più e dare di più.

In tutti i casi negativi, pertanto, ci sono dei risvolti positivi che si scoprono nel tempo. Questo non avviene, però, se si continua a sentirsi vittime del fato, vittime degli altri, se siamo imbrigliati e infossati nei nostri stessi pensieri di inferiorità, di incapacità. È necessario essere realmente onesti con noi stessi, comprendere cosa desideriamo davvero.

Se scegliamo la felicità, dobbiamo rimboccarci le maniche, rinunciare al vittimismo e smetterla di piangerci addosso, facendo scelte di totale inversione di rotta per cercare quello che amiamo, che ci appassiona, che ci dà energia vera, quello che ci fa sentire vivi.

E voi, sapete cosa vi fa sentire vivi?
La risposta a questa domanda è prioritaria per sbrogliarsi nelle scelte che si possono fare giorno dopo giorno e che possono pianificare la nostra vita. Nessun limite esiste, se non nella nostra

mente. Questo ci riporta alla piena responsabilità del nostro agire, a sentire la pienezza della nostra consapevolezza, al valore dell'esserci veramente.

Noi siamo la nostra Verità e se riconosciamo pienamente questo, possiamo vivere all'altezza delle nostre aspettative. Il successo e la ricchezza nella vita non sono tanto determinati dal conto in banca, quanto dall'essere vivi, consapevoli, dalla volontà di portare gioia e passione costante al nostro agire. Questa non è mania di protagonismo, bensì l'unico modo di vivere al 100%.

Quando la vita ci schiaffeggia dobbiamo pensare che era solo il momento di cadere per poterci rialzare più forti e belli di prima, per compiere scelte che nella routine di sempre non avremmo mai fatto, per giungere ad un cambiamento radicale. Si può rimanere nell'angolino a piangersi addosso e a compiangersi di questo dolore, ma ciò non porterà a nessun miracolo, non aiuterà a cambiare la situazione, non impedirà al negativo di sommergerci e farci affogare. Sta a noi la scelta di riprendere in mano la nostra vita e non solo metaforicamente.

Immaginatevi minuscoli come vi sentite adesso, siete dentro il palmo della vostra mano. Accarezzate quell'essere minimo che dentro di voi scalpita e urla e vorrebbe distruggere tutto e tutti per il dolore e la sofferenza… accarezzatelo e calmatelo con parole rassicuranti e tranquille e, dopo averlo fatto sfogare per bene, ditegli che andrà tutto bene perché lui è molto di più di quell'essere in miniatura, ditegli che può farcela perché le potenzialità e le capacità interiori sono tante e ora si è solo dimenticato la sua forza, la sua bellezza, la meraviglia che lo aspetta fuori dal quel laccio tremendo e paralizzante.

Respirate profondamente, accogliete tutte le sensazioni fisiche di disagio e chiedete loro di allentarsi… chiedete loro che messaggio vogliono darvi. Ascoltate e, respirando, immergetevi nella luce del giorno, espandete tutto questo al fine di dissolvere il malessere. Piano piano risentite l'energia che scorre, il cuore che si rilassa, la serenità che ritorna in ogni organo. Mettetevi in ascolto del vostro cuore per fare scelte opportune che siano in accordo totale con lui, con la coerenza del vostro essere… questo porterà sollievo e vero cambiamento. Il cambiamento interno condurrà quello esterno e tutto diverrà più luminoso.

Queste non sono solo parole consolatorie, questo è assolutamente possibile, concreto, è tangibile esperienza di molte persone che scelgono di riprendere in mano la propria vita, affrontano le emozioni tossiche e i blocchi cercando di uscire dai vari tunnel che la vita gli ha posto dinanzi. Occorre solo la nostra scelta, occorre soltanto non aver paura di essere di nuovo felici.

Questo è possibile per tutti?

Molte persone hanno attraversato eventi molto dolorosi e da lì sono ripartite, utilizzando quegli eventi come veri e propri trampolini di lancio, riuscendo a dare un nuovo e migliore significato alla loro esistenza. Questo è determinante per il nostro benessere e per la nostra salute mentale: trovare un senso alla propria vita. La risposta a questo quesito, dà la direzione di marcia, dà la carica, ci fa alzare con entusiasmo al mattino, ci fa agire perché coscienti di quanto vogliamo essere per noi e per gli altri.

La Verità nello specchio del corpo,

nello sguardo penetrante l'interno,

nel linguaggio della completa fusione,

nella gioia della propria autenticità!

Conclusione

Siamo giunti in fondo a questo testo molto denso di parole, nate da esperienze dirette, dal vissuto di molti e dalla voglia ardente di far crescere il benessere e la consapevolezza nelle persone, sperando che in tanti possano beneficiarne. Quello che è necessario sottolineare, è che la ricerca della Verità, che ha così tante sfaccettature, non si completa mai, è sempre una costante esplorazione che parte dall'analisi delle sensazioni corporee, all'interrogarsi sulle proprie emozioni, al prendere coscienza del proprio livello di energia.

Ogni aspetto toccato da ciascun capitolo è come una faccia dello stesso splendido diamante e questo diamante preziosissimo e luccicante è trasparente e luminoso. Noi possiamo gioire della vita solo se ne accogliamo la luce e se siamo nella trasparenza, nella limpidezza dell'onestà verso noi stessi e gli altri. Questo non è un monito morale, è semplicemente una considerazione perché solo stando onesti, si riesce a comprendere fino in fondo quello che alberga in noi, siano pensieri o bisogni o sentimenti.

Solo nella presenza attenta e costante può sorgere la bellezza che ci caratterizza, che è l'unica strada per la vera pace. Vivere di bellezza fa sì che si stia realmente in pace con noi stessi e che si riesca, così, ad esserlo anche con gli altri. Vivere sul pianeta come la terra del noi, come un bene da condividere, come un qualcosa che non ci diminuisce o ci limita a causa della presenza degli altri, ma anzi ci rende più forti e contenti.

La forza della connessione, della condivisione e dell'appartenenza nasce dall'accettazione di noi stessi a 360°, dal vederci come creature perfette, pur con difetti e limiti, dal riuscire a leggere la meraviglia che c'è nell'altro, dal considerare come contributo speciale di ciascuno la differenza, dall'ammirare l'immenso nella goccia di rugiada come nella roccia dell'alta montagna. Tutto ciò rende il nostro animo disponibile ad accogliere il bene della Terra.

Se ci sentiamo tra Terra e Cielo, questa completezza ricolma di gioia e ci rassereniamo, vivendo, non come prepotenti e arroganti, ma come persone costantemente grate. Se riusciamo a stupirci del tramonto anche di fronte all'ennesimo a cui rivolgiamo lo sguardo, siamo in perfetta armonia con noi stessi, gli altri, il mondo vegetale e animale nella loro totalità. Tutto questo va ad accrescere la nostra presenza, va a farci sentire come parte dello stesso magnifico cerchio.

L'inno alla vita sarà la nostra danza, il movimento più bello e armonioso che possiamo rappresentare. Noi siamo Verità di luce, amore, fantasia, intelligenza e creatività. Questo ci dà grande felicità e, se diventa parte di noi, smetteremo di sentirci soli o inferiori o disgraziati. Saremo immensi e al posto giusto, vivi nel tempo e nello spazio giusti. Saremo degni di una vita ricca di ogni benedizione.

Con questo augurio, che viene dal profondo del cuore, vi invito a scrivermi mail a profeti.alessandra@gmail.com e a seguire le mie pagine Facebook dove troverete sempre messaggi positivi che spronano la crescita e il ben-essere per continuare a permanere nella vostra meravigliosa e splendente Verità.

Con profonda gratitudine,

Un abbraccio di luce stellare!

Alessandra Profeti

www.ingramcontent.com/pod-product-compliance
Lightning Source LLC
Chambersburg PA
CBHW051441150726
48000CB00005B/2193